Dieses Buch enthält Ideen und Anregungen der Autorin und ist mit größter Sorgfalt zusammengestellt. Doch jeder ist selbst verantwortlich für das, was er tut, aber auch für das, was er nicht tut. Weder die Autorin noch der Verlag können für Schäden irgendwelcher Art, die durch den direkten oder indirekten Gebrauch der Fragen und Inhalte dieses Buches entstehen, Haftung übernehmen.

Deutsche Erstausgabe 2012
Konzept und Text: Dagmar Lüdemann
Illustration und Gestaltung: Astrid Paradies

Fotos: Katharina Löwe, Matthias M. Müller
Druck und Bindung: buchdruckerei24.de
Dagmar Lüdemann Verlag
ISBN 978-3-00-040051-3

www.die-idee-zu-leben.de

Dagmar Lüdemann

Wo findest du dein Glück?

Eine Entdeckungsreise in die Welt der Gedanken und Gefühle

Illustrationen von Astrid Paradies

Für Dich

Wie schön, dass du dein Glück selbst in die Hand nehmen willst...

Dieses Buch wird dich auf deiner Reise in die Welt
der Gedanken und Gefühle begleiten.

Natürlich kannst du nicht alles auf einmal entdecken.
Fange einfach dort an, wo es dir gerade gefällt.

Du kannst deine Eltern, deine Familie,
deine Freunde und natürlich dich selbst fragen.

So wirst du immer neue Antworten bekommen
und damit Schritt für Schritt deinen Weg finden.

...los geht's

Der Anfang - deine Wahl

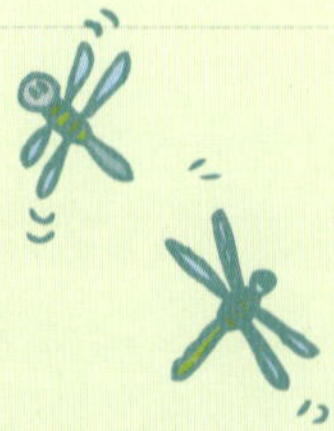

Die Gefühle - deine Ausstrahlung

Die Gedanken - deine Kraft

Der Weg - deine Ideen

Das Training - deine Übungen

Macht 1 + 1 glücklich?

Nein, es gibt keine Rechnung, die für alle gültig ist.
Du bist einzigartig. Du hast **besondere Stärken und Fähigkeiten** und **deine eigenen Träume.**

Das, was deinen Freund glücklich macht, muss dich nicht auch glücklich machen. Deswegen ist es so wichtig, dass du fragst, um herauszubekommen, was dir Freude macht.

Ist es Sport?
Ist es Musik?
Sind es Tiere?
Malst du gerne?

Wer fragt, wird eine Antwort finden.

Herzlich willkommen in der
Schule des Lebens.
Das Leben ist bunt. Das Leben macht Spaß!
Das Leben ist ein Abenteuer!
Genieße dein Leben!

Wo findest du dein Glück?

Du kannst **dein Glück** überall suchen,
finden wirst du es nur **in dir**.

Deswegen ist es ganz egal,
wo du auf der Welt gerade bist.
Jeder hat die Möglichkeit, glücklich zu sein.

Wer entscheidet, ob du glücklich bist?

Manche Menschen besitzen viele Dinge,
aber sie meckern ständig und sind unglücklich.

Und es gibt Menschen, die haben sehr wenig
und sind trotzdem glücklich.

Bestimmen deine Spielsachen, ob du glücklich bist?
Bestimmen deine Eltern, ob du glücklich bist?
Bestimmen deine Lehrer oder Freunde, ob du glücklich bist?

Nein, nur **du selbst entscheidest, ob du glücklich bist oder nicht.**

Wann fängt dein Glück an?

Wenn ich eine Freundin oder einen Freund habe, dann bin ich glücklich!
Wenn ich eine Eins in Mathe habe, dann bin ich glücklich!
Wenn ich viele Geschenke bekomme, dann bin ich glücklich.
Wenn ich…, dann… ups…

Achtung, merkst du was?
So kann es passieren, dass du nie glücklich bist.

Wann fängt dein Glück an?

Du beschäftigst dich von nun an mit den Dingen, die dich glücklich machen. Genieße jeden Tag und probiere alles aus.
So wie du lesen und schreiben übst, kannst du auch jeden Tag üben, dich glücklich zu fühlen.

Denn eines solltest du unbedingt wissen:
Wenn du glücklich bist, kannst du schneller rechnen, kannst du besser lernen, hast du mehr gute Ideen und Einfälle und du hast viel mehr Energie und Kraft, um deine Ziele zu erreichen.

Wenn das keine Gründe sind, jetzt glücklich zu sein!
Es ist deine Entscheidung!

Du kannst auch dann glücklich sein, wenn es gerade nicht so gut läuft.

Wie fühlst du dich, wenn du glücklich bist?

Denke an einen schönen Moment und **beschreibe das Gefühl, glücklich zu sein.**

Jetzt hast du eine **glückliche Ausstrahlung** – du kannst sie nicht sehen, aber du kannst sie bei dir und sogar bei anderen fühlen.

Welche Gefühle kennst du noch?

Es gibt so viele Gefühle, die du in die Welt strahlen kannst.
Findest du ein Gefühl für jeden Buchstaben?

A (aufgeregt)
B (bockig)
C (cool)
D (dickköpfig)
E (enttäuscht)
F (fröhlich)
G (gelangweilt)
H (hibbelig)
I (immer ich)
J (Juhuuuu)
K (kitzelig)
L (liebevoll)
M (mutig)
N (neidisch)
O (oh neee nä)
P (pudelwohl)
Q (quengelig)
R (ruhig)
S (schüchtern)
T (traurig)
U (unglücklich)
V (verzweifelt)
W (wütend)
X (niX ist richtig)
Y (Yiiiiepiieh)
Z (zufrieden)

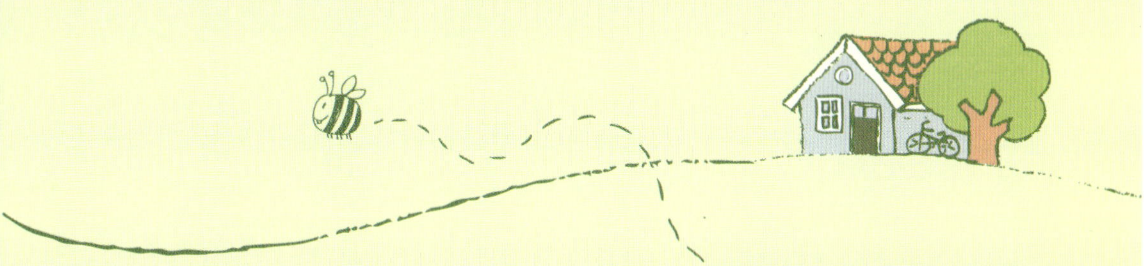

Deine Gefühle sind ganz wichtig in deinem Leben.

Möchtest du zaubern lernen?

Jeder Mensch – auch du – hat ungeahnte Zauberkräfte.
Darum kann jeder das in sein Leben zaubern, wovon er träumt.
Hierfür brauchst du nichts weiter als deine Gefühle.

Alles, was du fühlst, strahlst du automatisch in die Welt.
Mit dieser Strahlung kannst du bestimmte Dinge in dein Leben ziehen oder auch abstoßen. Du wirkst wie ein starker Magnet.

Es gibt nur ein Geheimnis, das du beachten musst:

„Gleiches zieht Gleiches an."

Glaubst du an dich?

Toll, du hast eine Idee, die dir Spaß macht. **Jetzt ist es wichtig, dass du an dich und deine Idee glaubst.** Nur die Gedanken, bei denen du dich gut fühlst, bringen dich an dein Ziel.

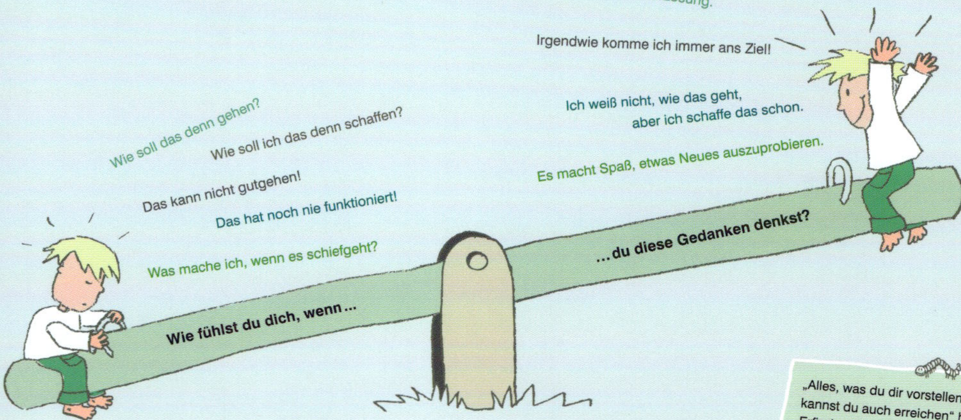

„Alles, was du dir vorstellen kannst, kannst du auch erreichen" hat der Erfinder der Micky Maus gesagt.

Auszug aus dem Sachbilderbuch

Wo findest du dein Glück?

Eine Entdeckungsreise in die Welt der Gedanken und Gefühle

Dagmar Lüdemann, Illustrationen Astrid Paradies

Erhältlich unter **www.die-idee-zu-leben.de**

Liebe Katja

vielleicht gefällt Dir dies Buch und gibt Dir auch mal eine Grundlage für Gespräche mit Anjo und Marten. Viel Spaß

alles liebe Mama

ISBN 978-3-00-040051-3, 14,80 €

Postleitzahl Ort

Auszug aus dem Sachbilderbuch

Wo findest du dein Glück?

Eine Entdeckungsreise in die Welt der Gedanken und Gefühle

Dagmar Lüdemann, Illustrationen Astrid Paradies
Erhältlich unter **www.die-idee-zu-leben.de**

ISBN 978-3-00-040051-3, **14,80 €**

Postleitzahl Ort

Wo findest du dein Glück?

Du kannst **dein Glück** überall suchen,
finden wirst du es nur **in dir**.

Deswegen ist es ganz egal,
wo du auf der Welt gerade bist.
Jeder hat die Möglichkeit, glücklich zu sein.

Wer entscheidet, ob du glücklich bist?

Manche Menschen besitzen viele Dinge,
aber sie meckern ständig und sind unglücklich.

Und es gibt Menschen, die haben sehr wenig
und sind trotzdem glücklich.

Bestimmen deine Spielsachen, ob du glücklich bist?
Bestimmen deine Eltern, ob du glücklich bist?
Bestimmen deine Lehrer oder Freunde, ob du glücklich bist?

Nein, nur **du selbst entscheidest, ob du glücklich bist oder nicht.**

Du bist fröhlich:
Du ziehst Dinge und Situationen in dein Leben, die dir Freude machen.

Du bist ängstlich:
Du ziehst Dinge und Situationen in dein Leben, die dir Angst machen.

Du bist wütend:
Was meinst du, was du jetzt anziehst?

Du strahlst also in jeder Minute deine Gefühle in die Welt, und – zack – kommen sie zu dir zurück.

Kannst du deine Gefühle abstellen? Nein, aber du kannst wählen, was du ausstrahlen willst. Du musst es nicht glauben, aber probiere es selber aus. So lernst du es, wirklich zu zaubern.

Wie fühlst du dich jetzt?

Weißt du, was ein **Boxenstopp** ist? Bei einem Autorennen macht der Rennfahrer nach einigen Runden **eine kurze Pause**, um zu überprüfen, ob alles okay ist.

Auch du solltest mehrmals am Tag einen Boxenstopp machen und prüfen, wo dein Stimmungsbarometer steht.

Dann weißt du, was du gerade ausstrahlst und so in dein Leben ziehst.

Mache eine kurze Pause - dann kannst du **deine Stimmung messen**:
Wie fühle ich mich jetzt? Wo steht mein Stimmungsbarometer?

Bist du gut drauf?

Ist deine Stimmung im Keller?

Was machst du mit deinen Gefühlen?

Wenn du wütend bist? Wenn du fröhlich bist? Wenn du unsicher bist?

Wie so oft im Leben gibt es viele verschiedene Möglichkeiten:

Du kannst deine Gefühle zeigen und z.B. richtig wütend werden!
Du kannst sie nicht beachten und einfach so tun, als wenn nichts wäre.
Du kannst auf dein Gefühl hören, das dich vielleicht warnen will.
Du tust so, als ob du fröhlich bist, aber du bist eigentlich traurig.
Du kannst mit jemandem über deine Gefühle reden.
Du kanst deine Gefühle abschütteln.
Du kannst deine Gefühle beobachten.
Und, und, und!

Was machst du mit deinen Gefühlen?
Machst du häufig das Gleiche oder probierst du auch einmal etwas Neues aus?
Wie gehen andere mit ihren Gefühlen um?

Jeden Tag hast du viele verschiedene Gefühle - sei neugierig, forsche und entdecke, was du alles mit ihnen machen kannst.

Wie kannst du Gefühle auflösen, die du nicht magst?

Ziehe dich an einen Ort zurück, an dem du dich wohlfühlst. Schließe deine Augen und suche das Gefühl in deinem Körper.

Kennst du Versteck spielen?

Stell dir vor, das Gefühl hat sich irgendwo in deinem Körper versteckt. Aber wo? Spürst du es im Rücken? Sitzt es auf deinen Schultern, in deinen Beinen? Vielleicht tobt es auch in deinem Bauch herum?

Wo ist das Gefühl, das du fühlst?

Du kannst das Spiel alleine spielen, oder du kannst dir jemanden aussuchen, der dir durch seine Fragen hilft, dein Gefühl zu beobachten.

Hast du es gefunden? Gefühle können sich auch richtig gut verkleiden. Wie fühlt sich das Gefühl an? Wie sieht es aus? Wie 1000 kribbelige Ameisen? Wie ein dicker Kloß im Hals? Oder eher wie ein schwarzes Loch?

Beobachte das Gefühl genau. Verändert es sich, wenn du es beobachtest? Wird es größer oder kleiner?

Versuche das Gefühl so lange zu beobachten, bis es sich auflöst.

Wichtig ist es, nicht über die Situation zu sprechen, die du nicht magst, sondern nur über das Gefühl.

Willst du gute Gefühle angeln?

Ja? Na dann los!

Schließe die Augen, mache es dir gemütlich – echte Angler machen es sich immer gemütlich – und wirf die Angel aus.

Frage dich dabei: „Was will ich selbst in dieser Situation wirklich?“

Und jetzt? Pssst, ganz leise sein, atme einmal tief durch und entspanne dich. Lass deine Augen geschlossen und beobachte genau, was sich in deinem Innern tut.

Es gibt jede Menge gute Gefühle in dir, die du angeln kannst.

Natürlich gibt es auch mal einen Tag, an dem kein gutes Gefühl anbeißt. Das ist ganz normal, aber je öfter du angeln gehst, desto mehr Erfolg wirst du haben.

Gute Gefühle kannst du nicht mit dem Kopf, sondern nur mit dem Herzen angeln!

Manchmal fällt es dir vielleicht schwer zu warten.
Zu zweit ist es einfacher. Durch Fragen kann dir die andere Person helfen, mit deiner Aufmerksamkeit bei dir zu bleiben.
Aber nur flüstern, sonst beißt nichts an!

Geht es dir gut?

Ja? Willst du dich noch besser fühlen?
Dann beobachte weiter das gute Gefühl in deinem Körper.
Das macht Spaß.

Je länger du das gute Gefühl beobachtest, desto größer wird es.

Manchmal fängt der eine an zu lächeln, der andere klatscht vor Freude in die Hände, aber auf jeden Fall wirst du dich immer besser fühlen.

Und wenn es dir nun richtig gut geht, beantworte folgende Frage:

Willst du dieses Gefühl behalten? Jaaaaaaaaaa.

Jetzt hast du gelernt, wie du deine Freude groß machst –
und das solltest du dir unbedingt merken.

Ist es egal, was du denkst?

Nimm dir Zeit für das folgende Spiel, damit du den Zusammenhang zwischen deinen Gedanken und Gefühlen wirklich verstehst.

Du kannst es alleine oder mit mehreren spielen.
Abwechselnd denkt sich jeder etwas aus und sagt dann:

Merkst du was?
Jeder Gedanke, den du denkst, erzeugt automatisch ein Gefühl in dir, wirklich jeder. Deswegen sind deine Gedanken so wichtig.

Was denkst du so den ganzen Tag?
Schöne Gedanken, lustige Gedanken, sorgenvolle Gedanken oder ärgerliche Gedanken?

Es gibt 1000 Gründe, warum du so denkst, wie du denkst, aber es gibt keinen einzigen Grund dafür, deine Gedanken nicht zu verändern.

Denk doch mal nicht an einen Eisbären!
Was passiert?

Woher kommen deine Gedanken?

Dein Kopf kann rechnen, lernen, planen, Informationen sammeln und beobachten – wow. Und er ist schnell und hat eine laute Stimme. **Du kennst die Stimme von deinem Kopf genau, oder?**

Schlechte Gedanken? Puste sie einfach weg.

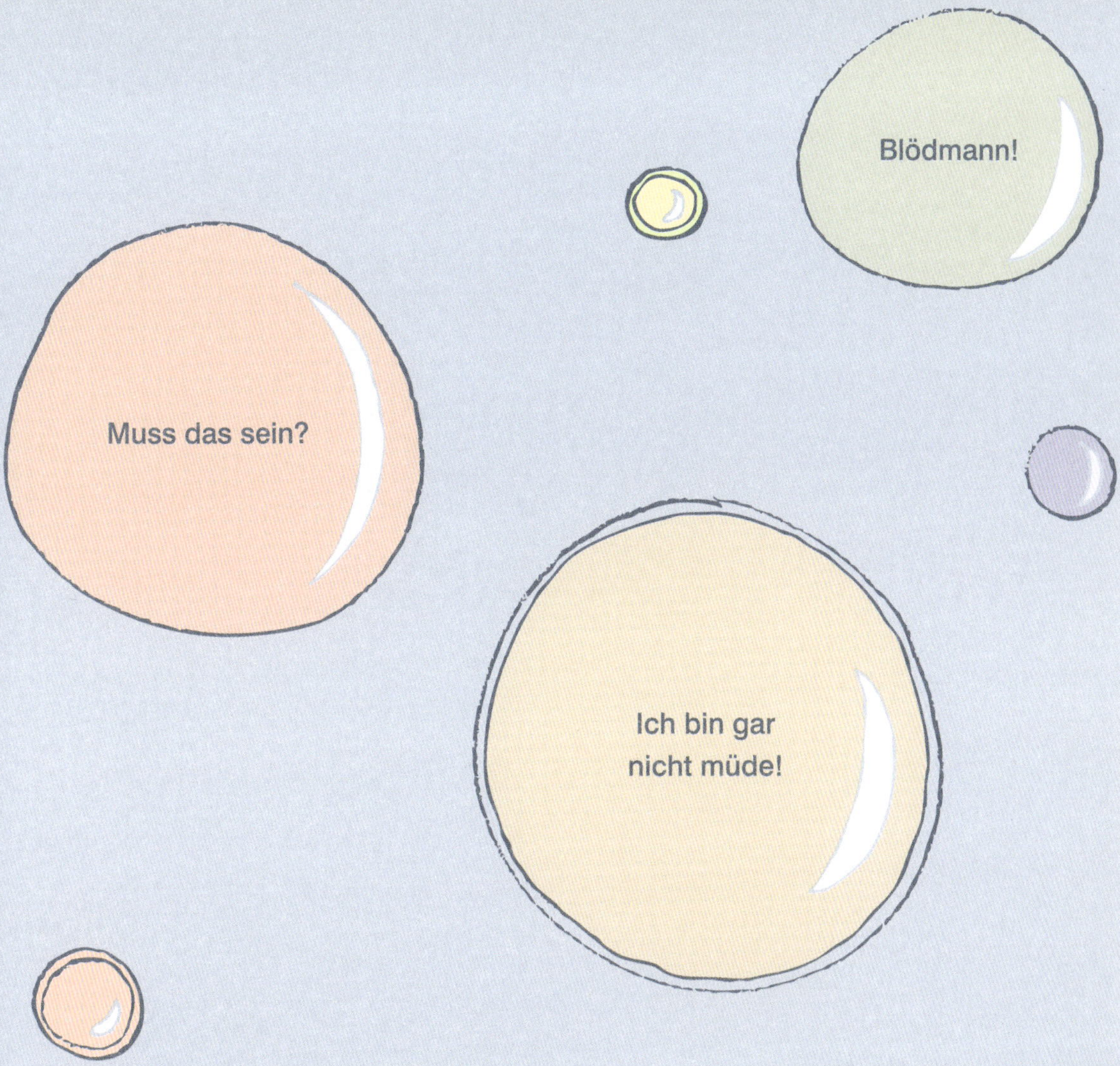

Du kannst dir deinen Kopf wie ein kleines Männchen vorstellen, das dir immer sagen will, was du machen sollst.

Auch weiß er immer sofort, ob etwas gut oder schlecht ist. Er will der Bestimmer sein! Und er will dein Beschützer sein. Dein Kopf will dich vor schlechten Erfahrungen schützen!

Doch er kennt nur die Dinge, die du irgendwann einmal gelernt, gehört, erlebt oder erfahren hast. Aber es gibt noch so viel mehr Möglichkeiten, Lösungen und Wege.

Wer lenkt deine Gedanken?

Wie du eben gelernt hast, wird sehr häufig dein Kopf das Steuer in deinem Leben übernehmen und die Richtung bestimmen, in die du gehst. Das ist auch gut so, solange du dabei glücklich bist, und du den Weg genießen kannst.

Aber was machst du, wenn du dich immer öfter schlecht fühlst? Oder wenn sich deine Gedanken im Kreis drehen?

Ein Glückspilz übernimmt selbst immer wieder das Steuer und prüft seinen Kurs: Stimmt alles für mich? Bin ich jetzt glücklich? Bin ich auf dem richtigen Weg?

Dein Kopf kann zwar viel über Glück reden, aber ob du glücklich bist oder nicht, weiß nur dein Herz.

Warum bist du nie allein?

Manchmal sagt uns unser Kopf, dass wir ganz allein sind, und dann fühlen wir uns traurig und einsam. Das stimmt aber nicht!
Du hast immer einen Freund, der dich dein ganzes Leben begleitet.

Es ist **dein Herz, deine Seele**, eine ganz große und liebevolle Kraft. Du kannst deinen Freund **immer um Rat fragen, denn er ist immer für dich da.** Er wird dir den richtigen Weg zeigen, wenn du es willst.

Wovon träumst du?

Du weißt jetzt, wie wichtig deine Gedanken und deine Gefühle sind, um deine Ideen zu leben und deine Ziele umzusetzen.

Doch was willst du? Es ist deine Aufgabe herauszufinden, welche kleinen und großen Ziele du erreichen willst.

Dein Freund, damit meine ich dein Herz, kennt dich und deine Stärken ganz genau, aber kennst du sie auch?

Frage dich und deinen Freund, was dir wirklich am Herzen liegt:

Was kann ich besonders gut?
Was macht mir Spaß?
Was will ich einmal machen?
Was will ich unbedingt lernen?
Was mache ich am liebsten?
Was ist mein Traum?

Was möchtest du einmal erleben?
Welche Ideen möchtest du umsetzen?
Welche Ziele willst du erreichen?

Schreibe deine kleinen und großen
Ideen auf, damit du sie nie vergisst.

Hast du einen Lieblingsplatz,
an dem du dich richtig wohlfühlst? Finde einen.
Stell dir genau vor, was du einmal erreichen willst,
und dann entscheide dich dafür.
Ja – das mache ich!

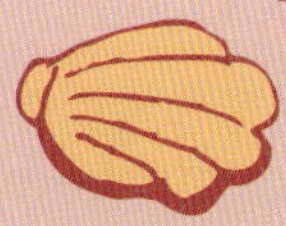

Wann fällt dir etwas ein?

Stell dir einfach vor, dass die Idee, die du jetzt brauchst, schon da ist. Sie ist ganz in Deiner Nähe.

Und die Idee will auch zu dir, denn es ist ja deine Idee.

Du kannst die Idee nicht zwingen, zu dir zu kommen:
„Ich will jetzt aber eine Idee haben! Komm her, sofort!"
Das funktioniert nicht.

Aber du kannst deine Idee in Gedanken immer wieder einladen.

Zu wem würdest du gehen?
Zu jemandem, der sich die ganze Zeit ärgert und schlecht drauf ist?
Oder zu jemandem, der so richtig Spaß hat und sich amüsiert?
Zu jemandem, der immer beschäftigt ist und nie Zeit für dich hat?
Oder zu jemandem, der entspannt ist, der für dich da ist und sich auf dich freut?

Gedankenstille: Wenn du merkst, dass dein Kopf die ganze Zeit grübelt, kannst du auch einfach mal deinen Atem beobachten. Denn wenn dein Kopf beobachtet, kann er nicht gleichzeitig denken – dann ist er still.

Vielleicht braucht die Idee noch ein bisschen Zeit, bis sie sich traut, zu dir zu kommen. Beschäftige dich in Gedanken immer wieder mit deiner Frage. Du kannst sie auch auf einen Zettel schreiben und in deine Hosentasche stecken. Damit zeigst du deiner Idee, wie wichtig sie für dich ist.

Glaubst du an dich?

Toll, du hast eine Idee, die dir Spaß macht. **Jetzt ist es wichtig, dass du an dich und deine Idee glaubst.** Nur die Gedanken, bei denen du dich gut fühlst, bringen dich an dein Ziel.

Ja, das mach ich.

Ja, ich finde eine Lösung.

Irgendwie komme ich immer ans Ziel!

Ich weiß nicht, wie das geht,
aber ich schaffe das schon.

Es macht Spaß, etwas Neues auszuprobieren.

... du diese Gedanken denkst?

„Alles, was du dir vorstellen kannst, kannst du auch erreichen“ hat der Erfinder der Micky Maus gesagt.

Wann fängst du an?

Was passiert, wenn du immer nur von deiner Idee träumst?

Nichts! Willst du dir nur etwas wünschen, oder willst du dein Ziel auch erreichen?

Ohne Entscheidungen gehst du nicht vorwärts, sondern du bleibst immer auf einer Stelle stehen.

Suche dir ein Ziel aus... auf die Plätze, fertig, los!

Auch wenn du nicht weißt, wie du dein Ziel erreichst: Starte jetzt, und du wirst erstaunt sein, wie du Schritt für Schritt vorwärts kommst.

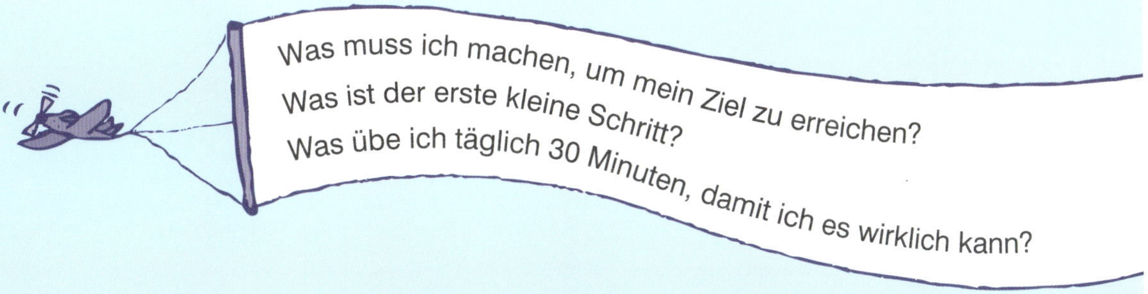

Fange doch erst einmal mit kleinen Ideen an.
So lernst du eine Idee umzusetzen und machst viele Erfahrungen,
die dir dann helfen, deine großen Ideen umzusetzen.

Wem schenkst du deine Energie?

Alles, womit du dich beschäftigst, bekommt deine Energie und wächst.

Stell dir vor, was du erreichen willst.

Glaube an das, was du erreichen willst.

Denke an das, was du erreichen willst.

Entscheide dich für das, was du erreichen willst.

Beschäftige dich mit dem, was du erreichen willst.

Du redest über das, was du willst:
Du machst deine **Ideen groß.**

Was hast du heute Neues ausprobiert?

Stell dir vor, du lebst in einem Haus mit ganz vielen Fenstern.

Was passiert, wenn du immer nur durch das gleiche Fenster schaust?

Ja, genau, du siehst immer nur das Gleiche.
Aber es gibt noch so viel mehr zu entdecken.

Manchmal stecken wir auf dem Weg zum Ziel fest, weil wir immer nur das Gleiche machen, denken und fühlen. Dann ist es wichtig zu wissen, dass es **immer viele Möglichkeiten und Chancen** gibt, auch wenn wir sie nicht sofort sehen.

Wie willst du wissen,

ob dir etwas Spaß macht,

ob dir etwas schmeckt,

ob du etwas kannst,

wenn du es nicht probierst?

Jetzt heißt es die Antennen ausfahren, neugierig sein, Fragen stellen und neue Möglichkeiten finden!

Ändere doch einfach mal deine Sichtweise, probiere heute etwas ganz anderes aus und finde so neue Wege, Möglichkeiten und Lösungen.

Sind Fehler schlimm?

Ja, wenn du das meinst, dass Fehler schlimm sind, dann sind sie es auch. Und so wird es auch für dich bleiben. Es sei denn, du veränderst deine Einstellung. Es ist wie mit einem Radio. Wenn du immer nur den gleichen Sender einstellst, wirst du immer die gleiche Musik hören.

Du kannst deine Einstellung ändern!
Aber das kannst nur du machen.

Wie wäre es mit: **Nein, Fehler sind nicht schlimm.**
Jeder macht Fehler, gerade wenn man etwas Neues ausprobiert.

Was kann ich aus dieser Erfahrung lernen?

Wie kann ich es beim nächsten Mal besser machen?

Wer könnte mir helfen oder einen Tipp geben?

Wie entscheide ich mich das nächste Mal?

Was fehlt, damit ich mein Ziel erreiche?

Manchmal tut es gut, einfach mal über sich selbst zu lachen!

Wenn du dich nach einem Fehler wirklich schlecht fühlst,
kannst du das Gefühl auch auflösen.
Das wird dir helfen, wieder den richtigen Weg zu finden.

Fehler machen alle, aber jeder hat eine andere Einstellung.
Es ist deine Entscheidung, ob du einen Fehler schwer
oder leicht nimmst!

Sich ärgern bringt **nichts**!

Kannst du mir helfen?

Du kannst bestimmt schon viele Dinge, oder?
Aber alles können kann einfach keiner.

Deswegen gibt es ja so viele unterschiedliche Menschen, und jeder hat seine eigenen Stärken und Schwächen.

Vertraue den anderen Menschen, gehe auf sie zu und bitte sie, dir zu helfen, wenn du nicht weiterkommst. Genauso kannst du anderen Menschen helfen, ihre Idee auch wirklich umzusetzen.

Gemeinsam könnt ihr euch gegenseitig anfeuern.
Gemeinsam habt ihr mehr Ideen.
Gemeinsam seid ihr schneller am Ziel.

Und **gemeinsam** macht es viel mehr Spaß,
eure kleinen und großen **Erfolge** zu **feiern.**

Was braucht deine Idee?

Jetzt verstehst du, dass deine Idee dich wirklich braucht, oder? Du wirst dein Ziel ganz bestimmt erreichen, wenn du dich jetzt entscheidest weiterzumachen und durchzuhalten.
Und am Ziel darfst du deinen Erfolg auch richtig feiern.

Was macht dir gute Laune?

Kennst du das auch? Auf einmal hat man richtig schlechte Laune und weiß überhaupt nicht warum?

Dann ist es toll, wenn man eine Gute-Laune-Liste hat, auf der die kleinen und großen Dinge stehen, die dich fröhlich machen. So hast du die Möglichkeit, deine Stimmung zu verbessern. Und du weißt bereits, wie wichtig das ist!

Nimm dir ein Blatt Papier und schreibe los:

Ich habe gute Laune, wenn ich…

… meine Lieblingsmusik höre.
… mit meinem besten Freund zusammen bin.
… mich verkleide.

Schreibe die Dinge auf, die dich aufmuntern können, wenn du schlechte Laune hast. **Fange einfach an, es wird dir Tag für Tag immer mehr einfallen.**

Wen hast du alles lieb?

Wer fällt dir ein, den du so richtig gern magst?

Merkst du, wie schön es ist, über Menschen zu sprechen, die du gern hast? Du bekommst eine ganz liebevolle Ausstrahlung.

Und was ist mit dir?
Hast du dich auch selber lieb?

Du bist die einzige Person, mit der du dein ganzes Leben zusammen sein wirst. Also ist es ganz wichtig, dass du auch liebevoll mit dir umgehst. Sei nicht so streng mit dir. Behandle dich selbst so wie deinen besten Freund oder deine beste Freundin.
Wenn du dich selber magst, werden dich auch andere mögen!

Du musst nicht alles richtig und perfekt machen, sondern es ist nur wichtig, dass du alles mit Spaß und Freude tust und dein Bestes gibst.

Niemand ist etwas Besseres oder Schlechteres,
aber jeder ist etwas ganz Besonderes – auch du.

Wem willst du heute eine Freude machen?

Jeden Tag kannst du dir diese Frage stellen, und dann entscheidest du dich für eine Person. Los geht's. Es gibt so viele Möglichkeiten, jemandem eine Freude zu machen.

Du kannst jemandem Mut machen oder ihn anfeuern, deiner Schwester oder deinem Bruder etwas helfen, deinem Freund etwas abgeben. Für alle einen Kuchen backen. Eine Blume für die kranke Nachbarin pflücken, dem traurigen Onkel ein Bild malen, Mama ein Lied singen, deine Oma anrufen oder einfach liebevoll an jemanden denken.

So beschäftigst du dich jeden Tag mit Freude und machst die **Freude groß in deinem Leben. Wichtig ist nur, dass du es gern tust, dass es dir Spaß macht, und du dich gut dabei fühlst.** Probiere es einfach aus, du wirst immer wieder auf neue Ideen kommen.

Jedes Mal, wenn du anderen eine Freude machst, machst du auch dir selber eine Freude.

Was sind deine Lieblingsgedanken?

Was sammelst du gerne?
Fußballkarten, Aufkleber, Kuscheltiere oder …?

Was hältst du davon, ab heute gute Gedanken zu sammeln?

Warum? Immer, wenn du diese Gedanken denkst, wirst du dich gut fühlen. Je besser du dich fühlst, desto mehr schöne Dinge wirst du in dein Leben ziehen.

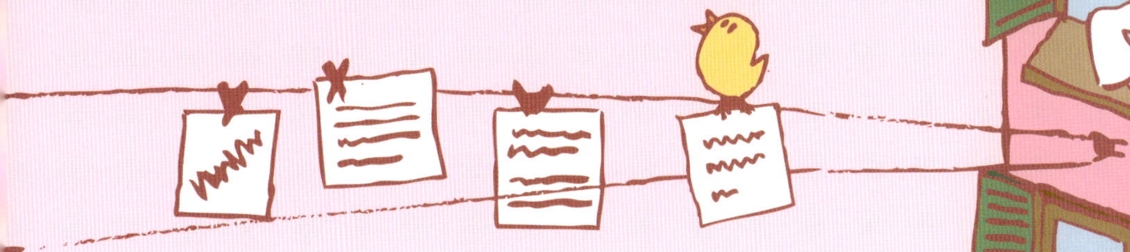

Also, welche Gedanken denkst du so richtig gerne?
Schreibe deine Lieblingsgedanken auf und denke sie so oft wie möglich.

Du kannst auch glückliche Menschen fragen, was sie denken. Das kann dir helfen, neue, gute Gedanken zu finden.

Viel Spaß beim Sammeln!

Wie oft hast du heute gelächelt?

Warum? Auch dein Lächeln strahlt in die Welt.
Die Menschen sind freundlicher zu dir, wenn du sie anlächelst.
Probier es doch einfach mal aus.

Es ist deine Entscheidung, ob du lächelst oder nicht.
Beobachte die Menschen, wie sie auf dich reagieren, wenn du lächelst.

Wen könntest du heute anlächeln?
Den Busfahrer, die Verkäuferin, deinen Lehrer, deine Eltern.

Also, wie oft hast du heute gelächelt? Einmal öfter als gestern?

Deine Stimmung ist ansteckend. Wenn du fröhlich bist, kannst du andere Menschen anstecken. Aber auch schlechte Laune kann ansteckend sein. Doch wie immer ist es deine Entscheidung, ob du dich anstecken lässt oder nicht.

Wofür bist du dankbar?

Wenn du dich abends gemütlich in dein Bett kuschelst, überlege dir **fünf Dinge, für die du dankbar bist**. Am besten machst du das jeden Abend. Egal, was du am Tag erlebt hast, du kannst immer etwas finden.

Nimm dir Zeit, die Dinge nicht nur zu sagen oder zu denken, sondern die Dankbarkeit auch wirklich zu fühlen.

Wie fühlt es sich an, wenn man wirklich dankbar ist?

Willst du jetzt aufhören zu fragen?

Ja, manchmal hat man keine Lust mehr zu fragen.
Das stimmt. Aber willst du wirklich aufhören zu fragen?

Wenn du fragst, bekommst du Antworten.
Wenn du fragst, bekommst du neue Ideen.
Wenn du fragst, weißt du wieder, wo es langgeht.

Trau Dich! Sei immer mutig und frage.

Die Fragen in diesem Buch können dir auf
deiner Reise zum Glücklichsein immer wieder helfen.
Es ist egal, mit welcher Frage du anfängst.
Du kannst dir auch bestimmte Fragen immer
wieder stellen.

Du brauchst es auch nicht alleine zu machen.
Zusammen mit deinen Eltern und deinen Freunden
werdet ihr viele spannende Antworten finden.
Und bestimmt gibt es ja noch viel mehr Dinge,
die du wissen willst.

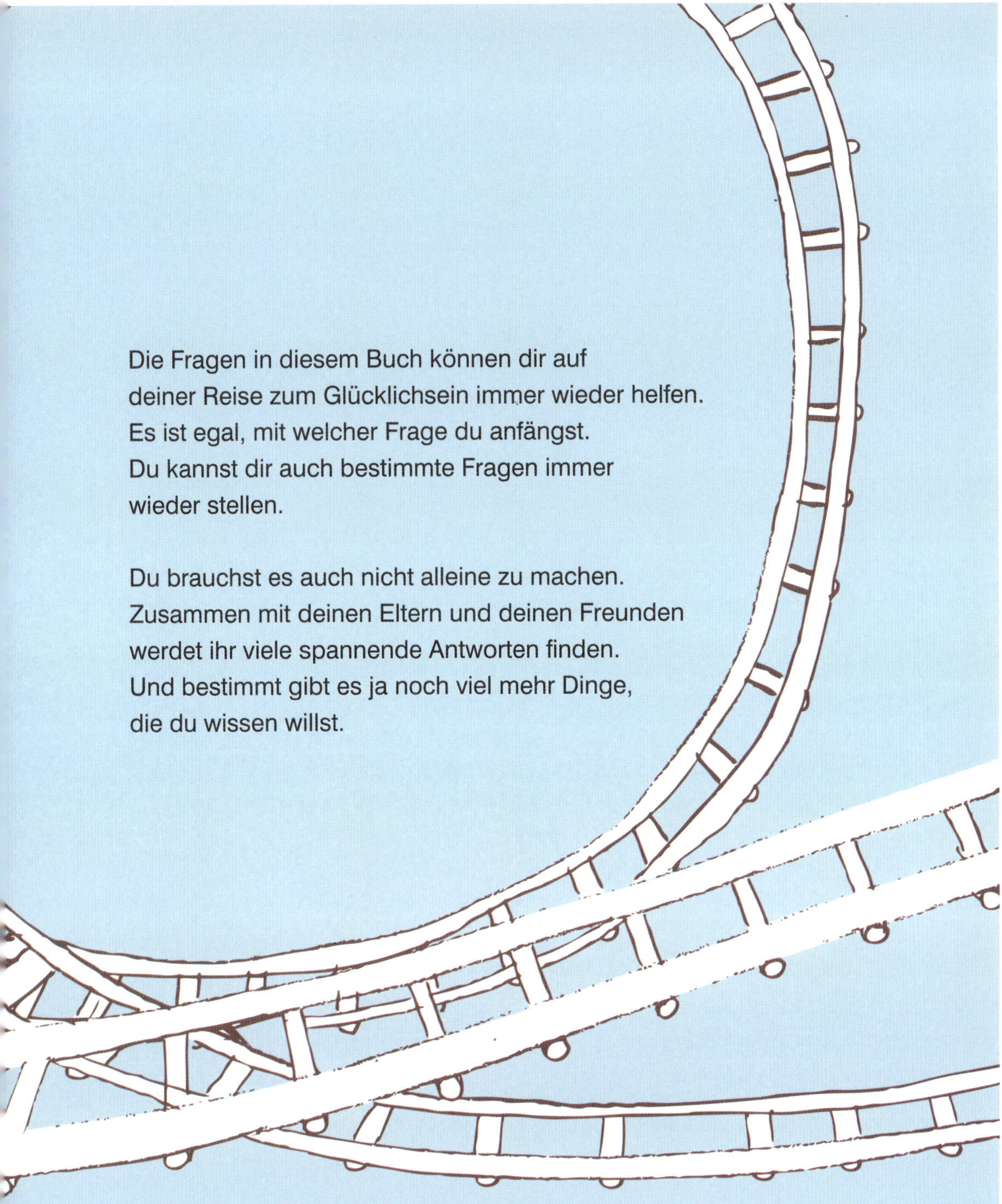

Also, fang immer wieder an zu fragen.
Komm, mach mit! Du wirst sehen, es macht einfach Spaß,
sich glücklich zu fragen!

Wir haben es geschafft – unser erstes Buch ist da.

Wir möchten uns ganz herzlich bei allen bedanken, die uns bei diesem Projekt unterstützt haben.